TRANZLATY

La Langue est pour tout le Monde

Jazyk je pre každého

La Belle et la Bête

Kráska a Zviera

Gabrielle-Suzanne Barbot de Villeneuve

Français / Slovenčina

Copyright © 2025 Tranzlaty
All rights reserved
Published by Tranzlaty
ISBN: 978-1-80572-060-7
Original text by Gabrielle-Suzanne Barbot de Villeneuve
La Belle et la Bête
First published in French in 1740
Taken from The Blue Fairy Book (Andrew Lang)
Illustration by Walter Crane
www.tranzlaty.com

Il était une fois un riche marchand
Bol raz jeden bohatý obchodník
ce riche marchand avait six enfants
tento bohatý obchodník mal šesť detí
il avait trois fils et trois filles
mal troch synov a tri dcéry
il n'a épargné aucun coût pour leur éducation
nešetril na ich vzdelávaní
parce qu'il était un homme sensé
pretože to bol rozumný muž
mais il a donné à ses enfants de nombreux serviteurs
ale svojim deťom dal veľa sluhov
ses filles étaient extrêmement jolies
jeho dcéry boli veľmi pekné
et sa plus jeune fille était particulièrement jolie
a jeho najmladšia dcéra bola obzvlášť pekná
Déjà enfant, sa beauté était admirée
už ako dieťa obdivovali jej krásu
et les gens l'appelaient à cause de sa beauté
a ľudia ju volali podľa jej krásy
sa beauté ne s'est pas estompée avec l'âge
starnutím jej krása nevybledla
alors les gens ont continué à l'appeler par sa beauté
tak ju ľudia stále volali podľa jej krásy
cela a rendu ses sœurs très jalouses
to spôsobilo, že jej sestry veľmi žiarli
les deux filles aînées avaient beaucoup de fierté
dve najstaršie dcéry mali veľkú dávku hrdosti
leur richesse était la source de leur fierté
ich bohatstvo bolo zdrojom ich hrdosti
et ils n'ont pas caché leur fierté non plus
a ani oni neskrývali svoju hrdosť
ils n'ont pas rendu visite aux filles d'autres marchands
nenavštevovali dcéry iných obchodníkov
parce qu'ils ne rencontrent que l'aristocratie
pretože sa stretávajú len s aristokraciou

ils sortaient tous les jours pour faire la fête
chodili každý deň na párty
bals, pièces de théâtre, concerts, etc.
plesy, hry, koncerty a pod
et ils se moquèrent de leur plus jeune sœur
a smiali sa svojej najmladšej sestre
parce qu'elle passait la plupart de son temps à lire
pretože väčšinu času trávila čítaním
il était bien connu qu'ils étaient riches
bolo dobre známe, že sú bohatí
alors plusieurs marchands éminents ont demandé leur main
tak ich o ruku požiadalo niekoľko významných obchodníkov
mais ils ont dit qu'ils n'allaient pas se marier
ale povedali, že sa nebudú vydávať
mais ils étaient prêts à faire quelques exceptions
ale boli pripravení urobiť nejaké výnimky
« Peut-être que je pourrais épouser un duc »
"Možno by som sa mohol vydať za vojvodu"
« Je suppose que je pourrais épouser un comte »
"Myslím, že by som sa mohol vydať za grófa"
Belle a remercié très civilement ceux qui lui ont proposé
kráska veľmi civilne poďakovala tým, ktorí ju navrhli
elle leur a dit qu'elle était encore trop jeune pour se marier
povedala im, že je ešte príliš mladá na to, aby sa vydala
elle voulait rester quelques années de plus avec son père
chcela zostať ešte pár rokov so svojím otcom
Tout d'un coup, le marchand a perdu sa fortune
Obchodník zrazu prišiel o svoje bohatstvo
il a tout perdu sauf une petite maison de campagne
stratil všetko okrem malého vidieckeho domu
et il dit à ses enfants, les larmes aux yeux :
a svojim deťom so slzami v očiach povedal:
« il faut aller à la campagne »
"musíme ísť na vidiek"
« et nous devons travailler pour gagner notre vie »
"a musíme pracovať, aby sme sa uživili"

les deux filles aînées ne voulaient pas quitter la ville
dve najstaršie dcéry nechceli opustiť mesto
ils avaient plusieurs amants dans la ville
mali v meste viacero milencov
et ils étaient sûrs que l'un de leurs amants les épouserait
a boli si istí, že jeden z ich milencov si ich vezme
ils pensaient que leurs amants les épouseraient même sans fortune
mysleli si, že ich milenci si ich vezmú aj bez bohatstva
mais les bonnes dames se sont trompées
ale dobré dámy sa mýlili
leurs amants les ont abandonnés très vite
ich milenci ich veľmi rýchlo opustili
parce qu'ils n'avaient plus de fortune
pretože už nemali žiadne bohatstvo
cela a montré qu'ils n'étaient pas vraiment appréciés
to ukázalo, že v skutočnosti neboli veľmi radi
tout le monde a dit qu'ils ne méritaient pas d'être plaints
všetci povedali, že si nezaslúžia byť poľutovaní
« Nous sommes heureux de voir leur fierté humiliée »
"sme radi, že vidíme pokornú ich hrdosť"
« Qu'ils soient fiers de traire les vaches »
"nech sú hrdí na dojenie kráv"
mais ils étaient préoccupés par Belle
ale starali sa o krásu
elle était une créature si douce
bola taká milá bytosť
elle parlait si gentiment aux pauvres
tak láskavo hovorila k chudobným ľuďom
et elle était d'une nature si innocente
a bola takej nevinnej povahy
Plusieurs messieurs l'auraient épousée
Viacerí páni by si ju vzali
ils l'auraient épousée même si elle était pauvre
boli by si ju vzali, hoci bola chudobná
mais elle leur a dit qu'elle ne pouvait pas les épouser

ale povedala im, že si ich nemôže vziať
parce qu'elle ne voulait pas quitter son père
pretože by neopustila svojho otca
elle était déterminée à l'accompagner à la campagne
bola rozhodnutá ísť s ním na vidiek
afin qu'elle puisse le réconforter et l'aider
aby ho mohla utešiť a pomôcť mu
pauvre Belle était très affligée au début
Úbohá kráska bola najprv veľmi zarmútená
elle était attristée par la perte de sa fortune
bola zarmútená stratou majetku
"Mais pleurer ne changera pas mon destin"
"ale plač nezmení moje šťastie"
« Je dois essayer de me rendre heureux sans richesse »
"Musím sa pokúsiť urobiť sám seba šťastným bez bohatstva"
ils sont venus dans leur maison de campagne
prišli do svojho vidieckeho domu
et le marchand et ses trois fils s'appliquèrent à l'agriculture
a obchodník a jeho traja synovia sa venovali poľnohospodárstvu
Belle s'est levée à quatre heures du matin
krása vstala o štvrtej ráno
et elle s'est dépêchée de nettoyer la maison
a ponáhľala sa upratať dom
et elle s'est assurée que le dîner était prêt
a uistila sa, že večera je pripravená
au début, elle a trouvé sa nouvelle vie très difficile
na začiatku znášala svoj nový život veľmi ťažko
parce qu'elle n'était pas habituée à un tel travail
pretože na takúto prácu nebola zvyknutá
mais en moins de deux mois elle est devenue plus forte
ale za necelé dva mesiace zosilnela
et elle était en meilleure santé que jamais auparavant
a bola zdravšia ako kedykoľvek predtým
après avoir fait son travail, elle a lu
po vykonaní práce čítala

elle jouait du clavecin
hrala na čembale
ou elle chantait en filant de la soie
alebo spievala, kým prala hodváb
au contraire, ses deux sœurs ne savaient pas comment passer leur temps
naopak, jej dve sestry nevedeli tráviť čas
ils se sont levés à dix heures et n'ont rien fait d'autre que paresser toute la journée
vstávali o desiatej a nerobili nič iné, len celý deň leňošili
ils ont déploré la perte de leurs beaux vêtements
nariekali nad stratou svojich pekných šiat
et ils se sont plaints d'avoir perdu leurs connaissances
a sťažovali sa, že stratili svojich známych
« Regardez notre plus jeune sœur », se dirent-ils.
„Pozri sa na našu najmladšiu sestru," povedali si
"Quelle pauvre et stupide créature elle est"
"aké úbohé a hlúpe stvorenie to je"
"C'est mesquin de se contenter de si peu"
"je zlé uspokojiť sa s tak málo"
le gentil marchand était d'un avis tout à fait différent
ten druh obchodníka bol celkom iného názoru
il savait très bien que Belle éclipsait ses sœurs
veľmi dobre vedel, že krása prevyšuje jej sestry
elle les a surpassés en caractère ainsi qu'en esprit
prevyšovala ich charakterom aj mysľou
il admirait son humilité et son travail acharné
obdivoval jej pokoru a pracovitosť
mais il admirait surtout sa patience
no najviac zo všetkého obdivoval jej trpezlivosť
ses sœurs lui ont laissé tout le travail à faire
jej sestry jej nechali všetku prácu
et ils l'insultaient à chaque instant
a každú chvíľu ju urážali
La famille vivait ainsi depuis environ un an.
Rodina takto žila asi rok

puis le commerçant a reçu une lettre d'un comptable
potom obchodník dostal list od účtovníka
il avait un investissement dans un navire
mal investíciu do lode
et le navire était arrivé sain et sauf
a loď bezpečne dorazila
Cette nouvelle a fait tourner les têtes des deux filles aînées
Jeho správa obrátila hlavy dvoch najstarších dcér
ils ont immédiatement eu l'espoir de revenir en ville
okamžite mali nádej na návrat do mesta
parce qu'ils étaient assez fatigués de la vie à la campagne
pretože boli dosť unavení z vidieckeho života
ils sont allés vers leur père alors qu'il partait
išli k otcovi, keď odchádzal
ils l'ont supplié de leur acheter de nouveaux vêtements
prosili ho, aby im kúpil nové šaty
des robes, des rubans et toutes sortes de petites choses
šaty, stuhy a všelijaké drobnosti
mais Belle n'a rien demandé
ale krása si nič nepýtala
parce qu'elle pensait que l'argent ne serait pas suffisant
pretože si myslela, že tie peniaze nebudú stačiť
il n'y aurait pas assez pour acheter tout ce que ses sœurs voulaient
nebolo by dosť na to, aby si kúpila všetko, čo jej sestry chceli
"Que veux-tu, ma belle ?" demanda son père
"Čo by si chcela, kráska?" spýtal sa jej otec
« Merci, père, pour la bonté de penser à moi », dit-elle
"Ďakujem ti, otec, že si na mňa myslel," povedala
« Père, ayez la gentillesse de m'apporter une rose »
"Otec, buď taký láskavý a prines mi ružu"
"parce qu'aucune rose ne pousse ici dans le jardin"
"pretože tu v záhrade nerastú ruže"
"et les roses sont une sorte de rareté"
"a ruže sú druh vzácnosti"
Belle ne se souciait pas vraiment des roses

krása naozaj nestála o ruže
elle a juste demandé quelque chose pour ne pas condamner ses sœurs
žiadala len niečo, aby neodsúdila svoje sestry
mais ses sœurs pensaient qu'elle avait demandé des roses pour d'autres raisons
ale jej sestry si mysleli, že žiadala ruže z iných dôvodov
"Elle l'a fait juste pour avoir l'air particulière"
"urobila to len preto, aby vyzerala zvlášť"
L'homme gentil est parti en voyage
Milý muž sa vydal na cestu
mais quand il est arrivé, ils se sont disputés à propos de la marchandise
ale keď prišiel, dohadovali sa o tovare
et après beaucoup d'ennuis, il est revenu aussi pauvre qu'avant
a po mnohých problémoch sa vrátil taký chudobný ako predtým
il était à quelques heures de sa propre maison
bol do pár hodín od svojho domu
et il imaginait déjà la joie de revoir ses enfants
a už si predstavoval tú radosť, keď vidí svoje deti
mais en traversant la forêt, il s'est perdu
ale pri prechode lesom sa stratil
il a plu et neigé terriblement
strašne pršalo a snežilo
le vent était si fort qu'il l'a fait tomber de son cheval
vietor bol taký silný, že ho zhodil z koňa
et la nuit arrivait rapidement
a noc sa rýchlo blížila
il a commencé à penser qu'il pourrait mourir de faim
začal si myslieť, že by mohol hladovať
et il pensait qu'il pourrait mourir de froid
a myslel si, že by mohol zamrznúť
et il pensait que les loups pourraient le manger
a myslel si, že ho môžu zjesť vlci

les loups qu'il entendait hurler tout autour de lui
vlci, ktorých počul zavýjať všade okolo seba
mais tout à coup il a vu une lumière
ale zrazu uvidel svetlo
il a vu la lumière au loin à travers les arbres
videl svetlo v diaľke cez stromy
quand il s'est approché, il a vu que la lumière était un palais
keď prišiel bližšie, videl, že svetlo je palác
le palais était illuminé de haut en bas
palác bol osvetlený zhora nadol
le marchand a remercié Dieu pour sa chance
obchodník ďakoval Bohu za šťastie
et il se précipita vers le palais
a ponáhľal sa do paláca
mais il fut surpris de ne voir personne dans le palais
bol však prekvapený, že v paláci nevidel žiadnych ľudí
la cour était complètement vide
dvorný dvor bol úplne prázdny
et il n'y avait aucun signe de vie nulle part
a nikde nebolo ani stopy po živote
son cheval le suivit dans le palais
jeho kôň ho nasledoval do paláca
et puis son cheval a trouvé une grande écurie
a potom jeho kôň našiel veľkú stajňu
le pauvre animal était presque affamé
úbohé zviera takmer vyhladovalo
alors son cheval est allé chercher du foin et de l'avoine
a tak vošiel jeho kôň hľadať seno a ovos
Heureusement, il a trouvé beaucoup à manger
našťastie našiel veľa jedla
et le marchand attacha son cheval à la mangeoire
a kupec priviazal koňa k jasliam
En marchant vers la maison, il n'a vu personne
kráčajúc smerom k domu nikoho nevidel
mais dans une grande salle il trouva un bon feu
ale vo veľkej sieni našiel dobrý oheň

et il a trouvé une table dressée pour une personne
a našiel prestretý stôl pre jedného
il était mouillé par la pluie et la neige
bol mokrý od dažďa a snehu
alors il s'est approché du feu pour se sécher
tak sa priblížil k ohňu, aby sa osušil
« **J'espère que le maître de maison m'excusera** »
"Dúfam, že ma pán domu ospravedlní."
« **Je suppose qu'il ne faudra pas longtemps pour que quelqu'un apparaisse** »
"Predpokladám, že to nebude trvať dlho, kým sa niekto objaví"
Il a attendu un temps considérable
Čakal dosť dlho
il a attendu jusqu'à ce que onze heures sonnent, et toujours personne n'est venu
počkal, kým odbila jedenásť, a stále nikto neprichádzal
enfin, il avait tellement faim qu'il ne pouvait plus attendre
konečne bol taký hladný, že už nemohol čakať
il a pris du poulet et l'a mangé en deux bouchées
vzal si kura a zjedol ho na dva sústo
il tremblait en mangeant la nourriture
triasol sa pri jedle
après cela, il a bu quelques verres de vin
potom vypil niekoľko pohárov vína
devenant plus courageux, il sortit du hall
nabral odvahu a vyšiel zo sály
et il traversa plusieurs grandes salles
a prešiel cez niekoľko veľkých sál
il a traversé le palais jusqu'à ce qu'il arrive dans une chambre
prechádzal palácom, až prišiel do komnaty
une chambre qui contenait un très bon lit
komora, v ktorej bolo mimoriadne dobré lôžko
il était très fatigué par son épreuve
bol veľmi unavený zo svojho utrpenia

et il était déjà minuit passé
a čas bol už po polnoci
alors il a décidé qu'il était préférable de fermer la porte
tak sa rozhodol, že bude najlepšie zavrieť dvere
et il a conclu qu'il devrait aller se coucher
a dospel k záveru, že by mal ísť spať
Il était dix heures du matin lorsque le marchand s'est réveillé
Bolo desať hodín ráno, keď sa obchodník zobudil
au moment où il allait se lever, il vit quelque chose
práve keď sa chystal vstať, niečo uvidel
il a été étonné de voir un ensemble de vêtements propres
bol užasnutý, keď videl čisté oblečenie
à l'endroit où il avait laissé ses vêtements sales
na mieste, kde nechal svoje špinavé oblečenie
"ce palais appartient certainement à une sorte de fée"
"určite tento palác patrí nejakej milej víle"
" une fée qui m'a vu et qui a eu pitié de moi"
" víla , ktorá ma videla a zľutovala sa"
il a regardé à travers une fenêtre
pozrel cez okno
mais au lieu de neige, il vit le jardin le plus charmant
ale namiesto snehu videl tú najúžasnejšiu záhradu
et dans le jardin il y avait les plus belles roses
a v záhrade boli najkrajšie ruže
il est ensuite retourné dans la grande salle
potom sa vrátil do veľkej sály
la salle où il avait mangé de la soupe la veille
sála, kde mal večer predtým polievku
et il a trouvé du chocolat sur une petite table
a na malom stolíku našiel čokoládu
« Merci, bonne Madame la Fée », dit-il à voix haute.
„Ďakujem, dobrá madam Fairy," povedal nahlas
"Merci d'être si attentionné"
"ďakujem, že sa tak staráš"
« **Je vous suis extrêmement reconnaissant pour toutes vos**

faveurs »
"Som vám nesmierne zaviazaný za všetku vašu priazeň."
l'homme gentil a bu son chocolat
láskavý muž vypil svoju čokoládu
et puis il est allé chercher son cheval
a potom išiel hľadať svojho koňa
mais dans le jardin il se souvint de la demande de Belle
ale v záhrade si spomenul na prosbu krásy
et il coupa une branche de roses
a odrezal vetvu ruží
immédiatement il entendit un grand bruit
hneď začul veľký hluk
et il vit une bête terriblement effrayante
a videl strašne strašnú šelmu
il était tellement effrayé qu'il était sur le point de s'évanouir
bol taký vystrašený, že bol pripravený omdlieť
« Tu es bien ingrat », lui dit la bête.
„Si veľmi nevďačný," povedala mu beštia
et la bête parla d'une voix terrible
a šelma prehovorila hrozným hlasom
« Je t'ai sauvé la vie en te laissant entrer dans mon château »
"Zachránil som ti život tým, že som ťa pustil do môjho hradu."
"et pour ça tu me voles mes roses en retour ?"
"A za to mi na oplátku kradneš ruže?"
« Les roses que j'apprécie plus que tout »
"Ruže, ktoré si vážim viac než čokoľvek"
"mais tu mourras pour ce que tu as fait"
"ale zomrieš za to, čo si urobil"
« Je ne vous donne qu'un quart d'heure pour vous préparer »
"Dávam ti štvrťhodinu na prípravu."
« Préparez-vous à la mort et dites vos prières »
"Priprav sa na smrť a povedz svoje modlitby"
le marchand tomba à genoux
obchodník padol na kolená
et il leva ses deux mains
a zdvihol obe ruky

« Monseigneur, je vous supplie de me pardonner »
"Môj pane, prosím ťa, odpusť mi"
« Je n'avais aucune intention de t'offenser »
"Nemal som v úmysle ťa uraziť"
« J'ai cueilli une rose pour une de mes filles »
"Nazbieral som ružu pre jednu zo svojich dcér"
"elle m'a demandé de lui apporter une rose"
"Požiadala ma, aby som jej priniesol ružu"
« Je ne suis pas ton seigneur, mais je suis une bête »,
répondit le monstre
"Nie som tvoj pán, ale som zviera," odpovedalo monštrum
« Je n'aime pas les compliments »
"Nemám rád komplimenty"
« J'aime les gens qui parlent comme ils pensent »
"Mám rád ľudí, ktorí hovoria ako myslia"
« N'imaginez pas que je puisse être ému par la flatterie »
"Nepredstavujte si, že môžem byť pohnutý lichôtkami"
« Mais tu dis que tu as des filles »
"Ale hovoríš, že máš dcéry"
"Je te pardonnerai à une condition"
"Odpustím ti pod jednou podmienkou"
« L'une de vos filles doit venir volontairement à mon palais »
"jedna z tvojich dcér musí dobrovoľne prísť do môjho paláca"
"et elle doit souffrir pour toi"
"a ona musí pre teba trpieť"
« Donne-moi ta parole »
"Daj mi tvoje slovo"
"et ensuite tu pourras vaquer à tes occupations"
"a potom sa môžeš venovať svojej veci"
« Promets-moi ceci : »
"Sľúb mi toto:"
"Si votre fille refuse de mourir pour vous, vous devez revenir dans les trois mois"
"Ak vaša dcéra odmietne zomrieť za vás, musíte sa vrátiť do troch mesiacov."

le marchand n'avait aucune intention de sacrifier ses filles
obchodník nemal v úmysle obetovať svoje dcéry
mais, comme on lui en donnait le temps, il voulait revoir ses filles une fois de plus
ale keďže dostal čas, chcel ešte raz vidieť svoje dcéry
alors il a promis qu'il reviendrait
tak sľúbil, že sa vráti
et la bête lui dit qu'il pouvait partir quand il le voudrait
a šelma mu povedala, že môže vyraziť, keď bude chcieť
et la bête lui dit encore une chose
a šelma mu povedala ešte jednu vec
« Tu ne partiras pas les mains vides »
"neodídeš s prázdnymi rukami"
« retourne dans la pièce où tu étais allongé »
"choď späť do izby, kde si ležal"
« vous verrez un grand coffre au trésor vide »
"uvidíš veľkú prázdnu truhlicu s pokladom"
« Remplissez le coffre aux trésors avec ce que vous préférez »
"naplňte truhlicu s pokladom tým, čo máte najradšej"
"et j'enverrai le coffre au trésor chez toi"
"a pošlem pokladnicu k tebe domov"
et en même temps la bête s'est retirée
a zároveň sa šelma stiahla
« Eh bien, » se dit le bon homme
"Nuž," povedal si dobrý muž
« Si je dois mourir, je laisserai au moins quelque chose à mes enfants »
"Ak musím zomrieť, aspoň niečo zanechám svojim deťom"
alors il retourna dans la chambre à coucher
tak sa vrátil do spálne
et il a trouvé une grande quantité de pièces d'or
a našiel veľké množstvo zlata
il a rempli le coffre au trésor que la bête avait mentionné
naplnil truhlicu s pokladom, o ktorej šelma spomínala
et il sortit son cheval de l'écurie

a vyviedol svojho koňa zo stajne
la joie qu'il ressentait en entrant dans le palais était désormais égale à la douleur qu'il ressentait en le quittant
radosť, ktorú cítil pri vstupe do paláca, sa teraz rovnala smútku, ktorý cítil pri odchode z paláca
le cheval a pris un des chemins de la forêt
kôň sa vybral jednou z lesných ciest
et quelques heures plus tard, le bon homme était à la maison
a o pár hodín bol dobrý muž doma
ses enfants sont venus à lui
prišli k nemu jeho deti
mais au lieu de recevoir leurs étreintes avec plaisir, il les regardait
ale namiesto toho, aby s potešením prijal ich objatia, pozrel sa na nich
il brandit la branche qu'il tenait dans ses mains
zdvihol konár, ktorý mal v rukách
et puis il a fondu en larmes
a potom sa rozplakal
« Belle », dit-il, « s'il te plaît, prends ces roses »
"Krása," povedal, "vezmite si prosím tieto ruže"
"Vous ne pouvez pas savoir à quel point ces roses ont été chères"
"Nemôžeš vedieť, aké drahé boli tieto ruže"
"Ces roses ont coûté la vie à ton père"
"tieto ruže stáli tvojho otca život"
et puis il raconta sa fatale aventure
a potom povedal o svojom osudnom dobrodružstve
immédiatement les deux sœurs aînées crièrent
okamžite vykríkli dve najstaršie sestry
et ils ont dit beaucoup de choses méchantes à leur belle sœur
a svojej krásnej sestre povedali veľa zlého
mais Belle n'a pas pleuré du tout
ale kráska vôbec neplakala
« Regardez l'orgueil de ce petit misérable », dirent-ils.
"Pozrite sa na pýchu toho malého úbožiaka," povedali

"elle n'a pas demandé de beaux vêtements"
"nepýtala si pekné oblečenie"
"Elle aurait dû faire ce que nous avons fait"
"Mala urobiť to, čo sme urobili my"
"elle voulait se distinguer"
"chcela sa odlíšiť"
"alors maintenant elle sera la mort de notre père"
"tak teraz ona bude smrťou nášho otca"
"et pourtant elle ne verse pas une larme"
"a predsa nevyroní slzu"
"Pourquoi devrais-je pleurer ?" répondit Belle
"Prečo by som mal plakať?" odpovedal krása
« pleurer serait très inutile »
"plač by bol veľmi zbytočný"
« Mon père ne souffrira pas pour moi »
"Môj otec nebude pre mňa trpieť"
"le monstre acceptera une de ses filles"
"monštrum prijme jednu zo svojich dcér"
« Je m'offrirai à toute sa fureur »
"Ponúknem sa celej jeho zúrivosti"
« Je suis très heureux, car ma mort sauvera la vie de mon père »
"Som veľmi šťastný, pretože moja smrť zachráni môjmu otcovi život"
"ma mort sera une preuve de mon amour"
"Moja smrť bude dôkazom mojej lásky"
« Non, ma sœur », dirent ses trois frères
„Nie, sestra," povedali jej traja bratia
"cela ne sera pas"
"to nebude"
"nous allons chercher le monstre"
"Pôjdeme nájsť monštrum"
"et soit on le tue..."
"A buď ho zabijeme..."
« ... ou nous périrons dans cette tentative »
"... alebo pri pokuse zahynieme"

« N'imaginez rien de tel, mes fils », dit le marchand.
„Nič také si nepredstavujte, synovia," povedal obchodník
"La puissance de la bête est si grande que je n'ai aucun espoir que tu puisses la vaincre"
"Sila toho zvieraťa je taká veľká, že nemám nádej, že by si ho dokázal prekonať."
« Je suis charmé par l'offre aimable et généreuse de Belle »
"Očarila ma láskavá a veľkorysá ponuka krásy"
"mais je ne peux pas accepter sa générosité"
"ale nemôžem prijať jej štedrosť"
« Je suis vieux et je n'ai plus beaucoup de temps à vivre »
"Som starý a nebude mi dlho žiť"
"Je ne peux donc perdre que quelques années"
"takže môžem stratiť len pár rokov"
"un temps que je regrette pour vous, mes chers enfants"
"Čas, ktorý pre vás ľutujem, moje drahé deti"
« Mais père », dit Belle
"Ale otec," povedala kráska
"tu n'iras pas au palais sans moi"
"bezo mňa nepôjdeš do paláca"
"tu ne peux pas m'empêcher de te suivre"
"nemôžeš mi zabrániť, aby som ťa nasledoval"
rien ne pourrait convaincre Belle autrement
nič nemohlo presvedčiť krásu o opaku
elle a insisté pour aller au beau palais
trvala na tom, že pôjde do nádherného paláca
et ses sœurs étaient ravies de son insistance
a jej sestry sa potešili jej naliehaniu
Le marchand était inquiet à l'idée de perdre sa fille
Obchodník bol znepokojený myšlienkou, že stratí svoju dcéru
il était tellement inquiet qu'il avait oublié le coffre rempli d'or
mal také starosti, že zabudol na truhlicu plnú zlata
la nuit, il se retirait pour se reposer et fermait la porte de sa chambre
v noci sa utiahol na odpočinok a zavrel dvere svojej komory

puis, à sa grande surprise, il trouva le trésor à côté de son lit
potom na svoje veľké počudovanie našiel poklad pri svojej posteli
il était déterminé à ne rien dire à ses enfants
bol rozhodnutý, že to svojim deťom nepovie
s'ils savaient, ils auraient voulu retourner en ville
keby to vedeli, chceli by sa vrátiť do mesta
et il était résolu à ne pas quitter la campagne
a bol rozhodnutý neopustiť vidiek
mais il confia le secret à Belle
ale dôveroval kráse s tajomstvom
elle l'informa que deux messieurs étaient venus
oznámila mu, že prišli dvaja páni
et ils ont fait des propositions à ses sœurs
a dali návrhy jej sestrám
elle a supplié son père de consentir à leur mariage
prosila otca, aby súhlasil s ich sobášom
et elle lui a demandé de leur donner une partie de sa fortune
a požiadala ho, aby im dal niečo zo svojho majetku
elle leur avait déjà pardonné
už im odpustila
les méchantes créatures se frottaient les yeux avec des oignons
zlé stvorenia si pretierali oči cibuľou
pour forcer quelques larmes quand ils se sont séparés de leur sœur
vynútiť si slzy, keď sa rozišli so sestrou
mais ses frères étaient vraiment inquiets
ale jej bratia boli naozaj znepokojení
Belle était la seule à ne pas verser de larmes
kráska jediná neronila slzy
elle ne voulait pas augmenter leur malaise
nechcela zvyšovať ich nepokoj
le cheval a pris la route directe vers le palais
kôň sa vybral priamou cestou do paláca
et vers le soir ils virent le palais illuminé

a k večeru uvideli osvetlený palác
le cheval est rentré à l'écurie
kôň sa opäť pobral do stajne
et le bon homme et sa fille entrèrent dans la grande salle
a dobrý muž a jeho dcéra vošli do veľkej siene
ici ils ont trouvé une table magnifiquement dressée
tu našli skvele naservírovaný stôl
le marchand n'avait pas d'appétit pour manger
obchodník nemal chuť jesť
mais Belle s'efforçait de paraître joyeuse
ale kráska sa snažila pôsobiť veselo
elle s'est assise à table et a aidé son père
sadla si za stôl a pomáhala otcovi
mais elle pensait aussi :
ale tiež si pomyslela:
"La bête veut sûrement m'engraisser avant de me manger"
"beštia ma určite chce vykrmiť skôr, ako ma zje"
"c'est pourquoi il offre autant de divertissement"
"preto poskytuje takú bohatú zábavu"
après avoir mangé, ils entendirent un grand bruit
keď sa najedli, počuli veľký hluk
et le marchand fit ses adieux à son malheureux enfant, les larmes aux yeux
a obchodník sa so slzami v očiach lúčil so svojím nešťastným dieťaťom
parce qu'il savait que la bête allait venir
pretože vedel, že zviera prichádza
Belle était terrifiée par sa forme horrible
kráska bola vydesená z jeho hroznej podoby
mais elle a pris courage du mieux qu'elle a pu
ale nabrala odvahu, ako len mohla
et le monstre lui a demandé si elle était venue volontairement
a netvor sa jej spýtal, či prišla dobrovoľne
"Oui, je suis venue volontiers", dit-elle en tremblant
"Áno, prišla som dobrovoľne," povedala rozochvená

la bête répondit : « Tu es très bon »
šelma odpovedala: "Si veľmi dobrý"
"et je vous suis très reconnaissant, honnête homme"
"A som ti veľmi zaviazaný, čestný človeče"
« Allez-y demain matin »
"choď si svojou cestou zajtra ráno"
"mais ne pense plus jamais à revenir ici"
"ale nikdy nepomýšľaj sem znova prísť"
« Adieu Belle, adieu bête », répondit-il
"Zbohom kráska, zbohom zviera," odpovedal
et immédiatement le monstre s'est retiré
a hneď sa netvor stiahol
« Oh, ma fille », dit le marchand
"Ach, dcéra," povedal obchodník
et il embrassa sa fille une fois de plus
a ešte raz objal svoju dcéru
« Je suis presque mort de peur »
"Som takmer na smrť vystrašený"
"crois-moi, tu ferais mieux de rentrer"
"ver mi, radšej sa vráť"
"Laisse-moi rester ici, à ta place"
"nechaj ma zostať tu namiesto teba"
« Non, père », dit Belle d'un ton résolu.
„Nie, otec," povedala kráska rezolútnym tónom
"tu partiras demain matin"
"zajtra ráno vyrazíš"
« Laissez-moi aux soins et à la protection de la Providence »
"nechaj ma do starostlivosti a ochrany prozreteľnosti"
néanmoins ils sont allés se coucher
napriek tomu išli spať
ils pensaient qu'ils ne fermeraient pas les yeux de la nuit
mysleli si, že celú noc nezavrú oči
mais juste au moment où ils se couchaient, ils s'endormirent
ale keď si ľahli, spali
La belle rêva qu'une belle dame venait et lui disait :
kráska snívala, že prišla pekná dáma a povedala jej:

« Je suis content, Belle, de ta bonne volonté »
"Som spokojný, kráska, s tvojou dobrou vôľou"
« Cette bonne action de votre part ne restera pas sans récompense »
"tento tvoj dobrý čin nezostane bez odmeny"
Belle s'est réveillée et a raconté son rêve à son père
kráska sa zobudila a povedala otcovi svoj sen
le rêve l'a aidé à se réconforter un peu
sen ho trochu utešil
mais il ne pouvait s'empêcher de pleurer amèrement en partant
ale pri odchode sa neubránil trpkému plaču
Dès qu'il fut parti, Belle s'assit dans la grande salle et pleura aussi
len čo bol preč, kráska si sadla do veľkej sály a rozplakala sa tiež
mais elle résolut de ne pas s'inquiéter
ale rozhodla sa, že nebude nepokojná
elle a décidé d'être forte pour le peu de temps qui lui restait à vivre
rozhodla sa, že bude silná na to málo času, ktorý jej zostával žiť
parce qu'elle croyait fermement que la bête la mangerait
pretože pevne verila, že ju zver zožerie
Cependant, elle pensait qu'elle pourrait aussi bien explorer le palais
myslela si však, že by mohla preskúmať aj palác
et elle voulait voir le beau château
a chcela si prezrieť nádherný hrad
un château qu'elle ne pouvait s'empêcher d'admirer
hrad, ktorý nemohla neobdivovať
c'était un palais délicieusement agréable
bol to nádherne príjemný palác
et elle fut extrêmement surprise de voir une porte
a bola veľmi prekvapená, keď videla dvere
et sur la porte il était écrit que c'était sa chambre

a nad dverami bolo napísané, že je to jej izba
elle a ouvert la porte à la hâte
rýchlo otvorila dvere
et elle était tout à fait éblouie par la magnificence de la pièce
a bola celkom oslnená veľkoleposťou miestnosti
ce qui a principalement retenu son attention était une grande bibliothèque
čo upútalo jej pozornosť, bola veľká knižnica
un clavecin et plusieurs livres de musique
čembalo a niekoľko hudobných kníh
« Eh bien, » se dit-elle
"No," povedala si pre seba
« Je vois que la bête ne laissera pas mon temps peser sur moi »
"Vidím, že beštia nenechá môj čas visieť na váhe"
puis elle réfléchit à sa situation
potom sa zamyslela nad svojou situáciou
« Si je devais rester un jour, tout cela ne serait pas là »
"Keby som mal zostať jeden deň, toto všetko by tu nebolo"
cette considération lui inspira un courage nouveau
táto úvaha ju inšpirovala sviežou odvahou
et elle a pris un livre de sa nouvelle bibliothèque
a vzala si knihu zo svojej novej knižnice
et elle lut ces mots en lettres d'or :
a prečítala tieto slová zlatými písmenami:
« Accueillez Belle, bannissez la peur »
"Vitaj kráska, zažeň strach"
« Vous êtes reine et maîtresse ici »
"Tu si kráľovná a milenka"
« Exprimez vos souhaits, exprimez votre volonté »
"Povedz svoje želania, povedz svoju vôľu"
« L'obéissance rapide répond ici à vos souhaits »
"Rýchla poslušnosť tu spĺňa vaše želania"
« Hélas, dit-elle avec un soupir
"Bohužiaľ," povedala s povzdychom
**« Ce que je souhaite par-dessus tout, c'est revoir mon pauvre

père. »
"Najviac si prajem vidieť svojho nebohého otca."
"et j'aimerais savoir ce qu'il fait"
"a rád by som vedel, čo robí"
Dès qu'elle eut dit cela, elle remarqua le miroir
Hneď ako to povedala, zbadala zrkadlo
à sa grande surprise, elle vit sa propre maison dans le miroir
na svoje veľké počudovanie uvidela v zrkadle svoj vlastný domov
son père est arrivé émotionnellement épuisé
jej otec prišiel emocionálne vyčerpaný
ses sœurs sont allées à sa rencontre
jej sestry mu išli v ústrety
malgré leurs tentatives de paraître tristes, leur joie était visible
napriek ich pokusom pôsobiť smutne, ich radosť bola viditeľná
un instant plus tard, tout a disparu
po chvíli všetko zmizlo
et les appréhensions de Belle ont également disparu
a zmizli aj obavy z krásy
car elle savait qu'elle pouvait faire confiance à la bête
lebo vedela, že tej šelme môže dôverovať
À midi, elle trouva le dîner prêt
Na poludnie našla pripravenú večeru
elle s'est assise à la table
sama si sadla za stôl
et elle a été divertie avec un concert de musique
a zabávala sa hudobným koncertom
même si elle ne pouvait voir personne
hoci nikoho nevidela
le soir, elle s'est à nouveau assise pour dîner
v noci si zasa sadla k večeri
cette fois elle entendit le bruit que faisait la bête
tentoraz počula hluk, ktorý zviera vydávalo
et elle ne pouvait s'empêcher d'être terrifiée

a neubránila sa strachu
"Belle", dit le monstre
"krása," povedal netvor
"est-ce que tu me permets de manger avec toi ?"
"dovolíš mi jesť s tebou?"
« **Fais comme tu veux** », **répondit Belle en tremblant**
"Urob si, ako chceš," chvejúc sa odpovedala kráska
"Non", répondit la bête
"Nie," odpovedalo zviera
"tu es seule la maîtresse ici"
"ty jediná si tu milenka"
"tu peux me renvoyer si je suis gênant"
"môžeš ma poslať preč, ak ti budem robiť problémy"
« **renvoyez-moi et je me retirerai immédiatement** »
"pošlite ma preč a ja sa okamžite stiahnem"
« **Mais dis-moi, ne me trouves-tu pas très laide ?** »
"Ale povedz mi, nemyslíš si, že som veľmi škaredá?"
"C'est vrai", dit Belle
"To je pravda," povedala kráska
« **Je ne peux pas mentir** »
"Nemôžem klamať"
"mais je crois que tu es de très bonne nature"
"Ale verím, že máš veľmi dobrú povahu"
« **Je le suis en effet** », **dit le monstre**
"Som naozaj," povedal netvor
« **Mais à part ma laideur, je n'ai pas non plus de bon sens** »
"Ale okrem mojej škaredosti nemám ani rozum"
« **Je sais très bien que je suis une créature stupide** »
"Veľmi dobre viem, že som hlúpe stvorenie."
« **Ce n'est pas un signe de folie de penser ainsi** », **répondit Belle.**
"Nie je to znak hlúposti, keď si to myslíš," odpovedala kráska
« **Mange donc, belle** », **dit le monstre**
„Tak sa najedz, kráska," povedal netvor
« **essaie de t'amuser dans ton palais** »
"skús sa zabaviť vo svojom paláci"

"tout ici est à toi"
"všetko tu je tvoje"
"et je serais très mal à l'aise si tu n'étais pas heureux"
"A bol by som veľmi znepokojený, keby si nebol šťastný."
« Vous êtes très obligeant », répondit Belle
"Si veľmi ústretový," odpovedala kráska
« J'avoue que je suis heureux de votre gentillesse »
"Priznávam, že ma teší tvoja láskavosť"
« et quand je considère votre gentillesse, je remarque à peine vos difformités »
"A keď zvážim tvoju láskavosť, sotva si všimol tvoje deformácie."
« Oui, oui, dit la bête, mon cœur est bon.
„Áno, áno," povedala šelma, „moje srdce je dobré
"mais même si je suis bon, je suis toujours un monstre"
"ale hoci som dobrý, stále som monštrum"
« Il y a beaucoup d'hommes qui méritent ce nom plus que toi »
"Je veľa mužov, ktorí si toto meno zaslúžia viac ako ty."
"et je te préfère tel que tu es"
"a mám ťa radšej takého aký si"
"et je te préfère à ceux qui cachent un cœur ingrat"
"a mám ťa radšej ako tých, čo skrývajú nevďačné srdce"
"Si seulement j'avais un peu de bon sens", répondit la bête
"Keby som mal aspoň trochu rozumu," odpovedalo zviera
"Si j'avais du bon sens, je vous ferais un beau compliment pour vous remercier"
"Keby som mal rozum, urobil by som pekný kompliment, aby som ti poďakoval"
"mais je suis si ennuyeux"
"ale ja som taký tupý"
« Je peux seulement dire que je vous suis très reconnaissant »
"Môžem len povedať, že som ti veľmi zaviazaný"
Belle a mangé un copieux souper
kráska zjedla výdatnú večeru

et elle avait presque vaincu sa peur du monstre
a takmer porazila svoj strach z monštra
mais elle a voulu s'évanouir lorsque la bête lui a posé la question suivante
no chcela omdlieť, keď sa jej zver spýtal ďalšiu otázku
"Belle, veux-tu être ma femme ?"
"Kráska, budeš moja žena?"
elle a mis du temps avant de pouvoir répondre
chvíľu jej trvalo, kým mohla odpovedať
parce qu'elle avait peur de le mettre en colère
lebo sa bála, že ho nahnevá
Mais finalement elle dit "non, bête"
nakoniec však povedala "nie, zviera"
immédiatement le pauvre monstre siffla très effroyablement
vzápätí úbohá obluda veľmi desivo zasyčala
et tout le palais résonna
a celý palác sa ozýval
mais Belle se remit bientôt de sa frayeur
no kráska sa čoskoro spamätala zo svojho strachu
parce que la bête parla encore d'une voix lugubre
pretože šelma opäť prehovorila žalostným hlasom
"Alors adieu, Belle"
"tak zbohom kráska"
et il ne se retournait que de temps en temps
a len občas sa otočil
de la regarder alors qu'il sortait
aby sa na ňu pozrel, keď vychádzal
maintenant Belle était à nouveau seule
teraz bola kráska opäť sama
elle ressentait beaucoup de compassion
cítila veľký súcit
"Hélas, c'est mille fois dommage"
"Bohužiaľ, je to tisíc žiaľ"
"tout ce qui est si bon ne devrait pas être si laid"
"niečo také dobré by nemalo byť také škaredé"
Belle a passé trois mois très heureuse dans le palais

kráska strávila tri mesiace veľmi spokojne v paláci
chaque soir la bête lui rendait visite
každý večer ju navštívila šelma
et ils ont parlé pendant le dîner
a rozprávali sa počas večere
ils ont parlé avec bon sens
rozprávali zdravým rozumom
mais ils ne parlaient pas avec ce que les gens appellent de l'esprit
ale nehovorili s tým, čo ľudia nazývajú vtipom
Belle a toujours découvert un caractère précieux dans la bête
kráska vždy objavila v zveri nejaký hodnotný charakter
et elle s'était habituée à sa difformité
a na jeho deformáciu si už zvykla
elle ne redoutait plus le moment de sa visite
už sa nebála času jeho návštevy
maintenant elle regardait souvent sa montre
teraz často pozerala na hodinky
et elle ne pouvait pas attendre qu'il soit neuf heures
a nevedela sa dočkať, kedy bude deväť hodín
car la bête ne manquait jamais de venir à cette heure-là
pretože šelma nikdy nezmeškala príchod v tú hodinu
il n'y avait qu'une seule chose qui concernait Belle
krása sa týkala len jednej veci
chaque soir avant d'aller au lit, la bête lui posait la même question
každú noc predtým, ako išla spať, sa jej zviera pýtalo rovnakú otázku
le monstre lui a demandé si elle voulait être sa femme
netvor sa jej spýtal, či bude jeho manželkou
un jour elle lui dit : "bête, tu me mets très mal à l'aise"
jedného dňa mu povedala: "beštia, veľmi ma znepokojuješ"
« J'aimerais pouvoir consentir à t'épouser »
"Prial by som si, aby som súhlasil, aby som si ťa vzal"
"mais je suis trop sincère pour te faire croire que je t'épouserais"

"ale som príliš úprimný na to, aby som ťa prinútil veriť, že si ťa vezmem"
"Notre mariage n'aura jamais lieu"
"naše manželstvo nikdy nevznikne"
« Je te verrai toujours comme un ami »
"Vždy ťa uvidím ako priateľa"
"S'il vous plaît, essayez d'être satisfait de cela"
"Prosím, skúste sa s tým uspokojiť"
« Je dois me contenter de cela », dit la bête
"Musím sa s tým uspokojiť," povedala zver
« Je connais mon propre malheur »
"Poznám svoje vlastné nešťastie"
"mais je t'aime avec la plus tendre affection"
"ale milujem ťa tou najnežnejšou láskou"
« Cependant, je devrais me considérer comme heureux »
"Mal by som sa však považovať za šťastný"
"et je serais heureux que tu restes ici"
"A mal by som byť šťastný, že tu zostaneš."
"promets-moi de ne jamais me quitter"
"sľúb mi, že ma nikdy neopustíš"
Belle rougit à ces mots
krása sa pri týchto slovách začervenala
Un jour, Belle se regardait dans son miroir
jedného dňa sa kráska pozerala do zrkadla
son père s'était inquiété à mort pour elle
jej otec mal o ňu strach
elle avait plus que jamais envie de le revoir
túžila ho znova vidieť viac ako kedykoľvek predtým
« Je pourrais te promettre de ne jamais te quitter complètement »
"Mohol by som sľúbiť, že ťa nikdy úplne neopustím"
"mais j'ai tellement envie de voir mon père"
"Ale ja mám takú veľkú túžbu vidieť svojho otca"
« Je serais terriblement contrarié si tu disais non »
"Bol by som neskutočne naštvaný, keby si povedal nie"
« Je préfère mourir moi-même », dit le monstre

"Radšej som zomrel sám," povedal netvor
« Je préférerais mourir plutôt que de te mettre mal à l'aise »
"Radšej by som zomrel, než aby si sa cítil nepokojne"
« Je t'enverrai vers ton père »
"Pošlem ťa k tvojmu otcovi"
"tu resteras avec lui"
"zostaneš s ním"
"et cette malheureuse bête mourra de chagrin à la place"
"a toto nešťastné zviera namiesto toho zomrie smútkom"
« Non », dit Belle en pleurant
"Nie," povedala kráska s plačom
"Je t'aime trop pour être la cause de ta mort"
"Milujem ťa príliš na to, aby som bol príčinou tvojej smrti"
"Je te promets de revenir dans une semaine"
"Sľubujem ti, že sa vrátim o týždeň."
« Tu m'as montré que mes sœurs sont mariées »
"Ukázal si mi, že moje sestry sú vydaté"
« et mes frères sont partis à l'armée »
"a moji bratia odišli do armády"
« laisse-moi rester une semaine avec mon père, car il est seul »
"Nechaj ma zostať týždeň s otcom, pretože je sám."
« Tu seras là demain matin », dit la bête
"Budeš tam zajtra ráno," povedala beštia
"mais souviens-toi de ta promesse"
"ale pamätaj na svoj sľub"
« Il vous suffit de poser votre bague sur une table avant d'aller vous coucher »
"Pred spaním stačí položiť prsteň na stôl."
"et alors tu seras ramené avant le matin"
"a potom ťa privedú späť pred ránom"
« Adieu chère Belle », soupira la bête
„Zbohom milá kráska," vzdychla zver
Belle s'est couchée très triste cette nuit-là
kráska išla tej noci spať veľmi smutná
parce qu'elle ne voulait pas voir la bête si inquiète

pretože nechcela vidieť zver tak ustaranú
le lendemain matin, elle se retrouva chez son père
na druhý deň ráno sa ocitla v dome svojho otca
elle a sonné une petite cloche à côté de son lit
zazvonila na zvonček pri jej posteli
et la servante poussa un grand cri
a slúžka hlasno skríkla
et son père a couru à l'étage
a jej otec vybehol hore
il pensait qu'il allait mourir de joie
myslel si, že zomrie od radosti
il l'a tenue dans ses bras pendant un quart d'heure
držal ju v náručí štvrť hodiny
Finalement, les premières salutations étaient terminées
nakoniec prvé pozdravy skončili
Belle a commencé à penser à sortir du lit
kráska začala myslieť na to, že vstane z postele
mais elle s'est rendu compte qu'elle n'avait apporté aucun vêtement
ale uvedomila si, že si nepriniesla žiadne oblečenie
mais la servante lui a dit qu'elle avait trouvé une boîte
ale chyžná jej povedala, že našla krabicu
le grand coffre était plein de robes et de robes
veľký kufor bol plný šiat a šiat
chaque robe était couverte d'or et de diamants
každá róba bola pokrytá zlatom a diamantmi
La Belle a remercié la Bête pour ses bons soins
kráska poďakovala zvieraťu za jeho láskavú starostlivosť
et elle a pris l'une des robes les plus simples
a vzala si jedny z najobyčajnejších šiat
elle avait l'intention de donner les autres robes à ses sœurs
ostatné šaty zamýšľala dať sestrám
mais à cette pensée le coffre de vêtements disparut
ale pri tej myšlienke truhla so šatami zmizla
la bête avait insisté sur le fait que les vêtements étaient pour elle seulement

beštia trvala na tom, že šaty sú len pre ňu
son père lui a dit que c'était le cas
otec jej povedal, že je to tak
et aussitôt le coffre de vêtements est revenu
a hneď sa kufor šiat opäť vrátil
Belle s'est habillée avec ses nouveaux vêtements
kráska sa obliekla do nových šiat
et pendant ce temps les servantes allèrent chercher ses sœurs
a medzitým išli slúžky hľadať svoje sestry
ses deux sœurs étaient avec leurs maris
obe jej sestry boli so svojimi manželmi
mais ses deux sœurs étaient très malheureuses
ale obe jej sestry boli veľmi nešťastné
sa sœur aînée avait épousé un très beau gentleman
jej najstaršia sestra sa vydala za veľmi pekného pána
mais il était tellement amoureux de lui-même qu'il négligeait sa femme
ale mal sa tak rád, že svoju ženu zanedbával
sa deuxième sœur avait épousé un homme spirituel
jej druhá sestra sa vydala za vtipného muža
mais il a utilisé son esprit pour tourmenter les gens
ale svoju dôvtipnosť použil na mučenie ľudí
et il tourmentait surtout sa femme
a najviac zo všetkého tryznil svoju manželku
Les sœurs de Belle l'ont vue habillée comme une princesse
sestry krásy ju videli oblečenú ako princeznú
et ils furent écœurés d'envie
a boli chorí závisťou
maintenant elle était plus belle que jamais
teraz bola krajšia ako kedykoľvek predtým
son comportement affectueux n'a pas pu étouffer leur jalousie
jej láskavé správanie nedokázalo potlačiť ich žiarlivosť
elle leur a dit combien elle était heureuse avec la bête
povedala im, aká je šťastná so šelmou
et leur jalousie était prête à éclater

a ich žiarlivosť bola na prasknutie
Ils descendirent dans le jardin pour pleurer leur malheur
Išli dole do záhrady plakať nad svojim nešťastím
« En quoi cette petite créature est-elle meilleure que nous ? »
"V čom je toto malé stvorenie lepšie ako my?"
« Pourquoi devrait-elle être tellement plus heureuse ? »
"Prečo by mala byť taká šťastnejšia?"
« Sœur », dit la sœur aînée
„Sestra," povedala staršia sestra
"une pensée vient de me traverser l'esprit"
"Práve ma napadla myšlienka"
« Essayons de la garder ici plus d'une semaine »
"Skúsme ju tu udržať dlhšie ako týždeň"
"Peut-être que cela fera enrager ce monstre idiot"
"Možno to rozzúri to hlúpe monštrum"
« parce qu'elle aurait manqué à sa parole »
"pretože by porušila slovo"
"et alors il pourrait la dévorer"
"a potom ju možno zožerie"
"C'est une excellente idée", répondit l'autre sœur
"To je skvelý nápad," odpovedala druhá sestra
« Nous devons lui montrer autant de gentillesse que possible »
"Musíme jej prejaviť čo najväčšiu láskavosť"
les sœurs en ont fait leur résolution
sestry si dali toto predsavzatie
et ils se sont comportés très affectueusement envers leur sœur
a k sestre sa správali veľmi láskavo
pauvre Belle pleurait de joie à cause de toute leur gentillesse
úbohá kráska plakala od radosti zo všetkej ich dobroty
quand la semaine fut expirée, ils pleurèrent et s'arrachèrent les cheveux
keď uplynul týždeň, plakali a trhali si vlasy
ils semblaient si désolés de se séparer d'elle
zdalo sa, že je im ľúto, že sa s ňou rozlúčili

et Belle a promis de rester une semaine de plus
a kráska sľúbila, že zostane o týždeň dlhšie
Pendant ce temps, Belle ne pouvait s'empêcher de réfléchir sur elle-même
Kráska sa medzitým nemohla ubrániť reflexii samej seba
elle s'inquiétait de ce qu'elle faisait à la pauvre bête
bála sa, čo robí úbohej beštii
elle sait qu'elle l'aimait sincèrement
vie, že ho úprimne miluje
et elle avait vraiment envie de le revoir
a veľmi túžila ho znova vidieť
la dixième nuit qu'elle a passée chez son père aussi
desiatu noc strávila aj u otca
elle a rêvé qu'elle était dans le jardin du palais
snívalo sa jej, že je v palácovej záhrade
et elle rêva qu'elle voyait la bête étendue sur l'herbe
a snívalo sa jej, že videla zviera vytiahnuté na tráve
il semblait lui faire des reproches d'une voix mourante
zdalo sa, že jej umierajúcim hlasom vyčítal
et il l'accusa d'ingratitude
a obvinil ju z nevďačnosti
Belle s'est réveillée de son sommeil
kráska sa prebudila zo spánku
et elle a fondu en larmes
a rozplakala sa
« Ne suis-je pas très méchant ? »
"Nie som veľmi zlý?"
« N'était-ce pas cruel de ma part d'agir si méchamment envers la bête ? »
"Nebolo odo mňa kruté správať sa tak neláskavo k tomu zvieraťu?"
"la bête a tout fait pour me faire plaisir"
"beštia urobila všetko preto, aby ma potešila"
« Est-ce sa faute s'il est si laid ? »
"Je to jeho chyba, že je taký škaredý?"
« Est-ce sa faute s'il a si peu d'esprit ? »

"Je to jeho chyba, že má tak málo rozumu?"
« Il est gentil et bon, et cela suffit »
"Je milý a dobrý a to stačí"
« Pourquoi ai-je refusé de l'épouser ? »
"Prečo som si ho odmietla vziať?"
« Je devrais être heureux avec le monstre »
"Mal by som byť šťastný s monštrom"
« regarde les maris de mes sœurs »
"pozri na manželov mojich sestier"
« Ni l'esprit, ni la beauté ne les rendent bons »
"ani vtip, ani pekná bytosť ich nerobia dobrými"
« aucun de leurs maris ne les rend heureuses »
"ani jeden z ich manželov ich nerobí šťastnými"
« mais la vertu, la douceur de caractère et la patience »
"ale cnosť, láskavosť a trpezlivosť"
"ces choses rendent une femme heureuse"
"tieto veci robia ženu šťastnou"
"et la bête a toutes ces qualités précieuses"
"a zviera má všetky tieto cenné vlastnosti"
"c'est vrai, je ne ressens pas de tendresse et d'affection pour lui"
"Je to pravda; necítim k nemu nežnosť náklonnosti"
"mais je trouve que j'éprouve la plus grande gratitude envers lui"
"Ale zistil som, že som zaňho najviac vďačný."
"et j'ai la plus haute estime pour lui"
"a najviac si ho vážim"
"et il est mon meilleur ami"
"a on je môj najlepší priateľ"
« Je ne le rendrai pas malheureux »
"Neurobím ho nešťastným"
« Si j'étais si ingrat, je ne me le pardonnerais jamais »
"Keby som bol taký nevďačný, nikdy by som si to neodpustil"
Belle a posé sa bague sur la table
kráska položila prsteň na stôl
et elle est retournée au lit

a opäť išla spať
à peine était-elle au lit qu'elle s'endormit
málo bola v posteli, kým zaspala
elle s'est réveillée à nouveau le lendemain matin
na druhý deň ráno sa opäť zobudila
et elle était ravie de se retrouver dans le palais de la bête
a bola nesmierne šťastná, že sa ocitla v paláci šelmy
elle a mis une de ses plus belles robes pour lui faire plaisir
obliekla si jedny zo svojich najkrajších šiat, aby ho potešila
et elle attendait patiemment le soir
a trpezlivo čakala na večer
enfin l' heure tant souhaitée est arrivée
prišla vytúžená hodina
L'horloge a sonné neuf heures, mais aucune bête n'est apparue
hodiny odbili deviatu, ale žiadne zviera sa neobjavilo
La belle craignit alors d'avoir été la cause de sa mort
kráska sa vtedy bála, že bola príčinou jeho smrti
elle a couru en pleurant dans tout le palais
s plačom behala po celom paláci
après l'avoir cherché partout, elle se souvint de son rêve
keď ho všade hľadala, spomenula si na svoj sen
et elle a couru vers le canal dans le jardin
a rozbehla sa ku kanálu v záhrade
là elle a trouvé la pauvre bête étendue
tam našla úbohú zver natiahnutú
et elle était sûre de l'avoir tué
a bola si istá, že ho zabila
elle se jeta sur lui sans aucune crainte
vrhla sa na neho bez akéhokoľvek strachu
son cœur battait encore
jeho srdce stále bilo
elle est allée chercher de l'eau au canal
nabrala trochu vody z kanála
et elle versa l'eau sur sa tête
a vyliala mu vodu na hlavu

la bête ouvrit les yeux et parla à Belle
šelma otvorila oči a prihovorila sa kráske
« Tu as oublié ta promesse »
"Zabudol si na svoj sľub"
« J'étais tellement navrée de t'avoir perdu »
"Bolo mi tak zlomené srdce, že som ťa stratil"
« J'ai décidé de me laisser mourir de faim »
"Rozhodol som sa hladovať"
"mais j'ai le bonheur de te revoir une fois de plus"
"ale mám to šťastie, že ťa ešte raz vidím"
"j'ai donc le plaisir de mourir satisfait"
"Takže mám to potešenie zomrieť spokojný"
« Non, chère bête », dit Belle, « tu ne dois pas mourir »
"Nie, drahé zviera," povedala kráska, "nesmieš zomrieť"
« Vis pour être mon mari »
"Žiť ako môj manžel"
"à partir de maintenant je te donne ma main"
"od tejto chvíle ti podávam ruku"
"et je jure de n'être que le tien"
"a prisahám, že nebudem nikto iný ako tvoj"
« Hélas ! Je pensais n'avoir que de l'amitié pour toi »
"Bohužiaľ! Myslel som, že mám pre teba len priateľstvo."
« mais la douleur que je ressens maintenant m'en convainc »
;
"ale smútok, ktorý teraz cítim, ma presvedčil."
"Je ne peux pas vivre sans toi"
"Nemôžem žiť bez teba"
Belle avait à peine prononcé ces mots lorsqu'elle vit une lumière
kráska sotva povedala tieto slová, keď uvidela svetlo
le palais scintillait de lumière
palác žiaril svetlom
des feux d'artifice ont illuminé le ciel
ohňostroj rozžiaril oblohu
et l'air rempli de musique
a vzduch naplnený hudbou

tout annonçait un grand événement
všetko naznačovalo nejakú veľkú udalosť
mais rien ne pouvait retenir son attention
ale nič nedokázalo udržať jej pozornosť
elle s'est tournée vers sa chère bête
obrátila sa k svojej drahej zveri
la bête pour laquelle elle tremblait de peur
šelma, pre ktorú sa triasla od strachu
mais sa surprise fut grande face à ce qu'elle vit !
ale jej prekvapenie bolo veľké z toho, čo videla!
la bête avait disparu
zver zmizol
Au lieu de cela, elle a vu le plus beau prince
namiesto toho videla toho najkrajšieho princa
elle avait mis fin au sort
ukončila kúzlo
un sort sous lequel il ressemblait à une bête
kúzlo, pod ktorým sa podobal na šelmu
ce prince était digne de toute son attention
tento princ bol hodný všetkej jej pozornosti
mais elle ne pouvait s'empêcher de demander où était la bête
no nedalo sa nespýtať, kde je tá zver
« Vous le voyez à vos pieds », dit le prince
„Vidíš ho pri nohách," povedal princ
« Une méchante fée m'avait condamné »
"Zlá víla ma odsúdila"
« Je devais rester dans cette forme jusqu'à ce qu'une belle princesse accepte de m'épouser »
"Mal som zostať v tejto forme, kým krásna princezná nesúhlasí, že si ma vezme."
"la fée a caché ma compréhension"
"Víla skryla moje pochopenie"
« tu étais le seul assez généreux pour être charmé par la bonté de mon caractère »
"Bol si jediný dostatočne veľkorysý na to, aby si bol očarený dobrotou mojej povahy."

Belle était agréablement surprise
kráska bola šťastne prekvapená
et elle donna sa main au charmant prince
a podala pôvabnému princovi ruku
ils sont allés ensemble au château
šli spolu do hradu
et Belle fut ravie de retrouver son père au château
a kráska bola nesmierne šťastná, keď našla svojho otca v zámku
et toute sa famille était là aussi
a bola tam aj celá jej rodina
même la belle dame qui lui était apparue dans son rêve était là
bola tam aj krásna dáma, ktorá sa jej objavila vo sne
"Belle", dit la dame du rêve
„krása," povedala pani zo sna
« viens et reçois ta récompense »
"príď a získaj svoju odmenu"
« Vous avez préféré la vertu à l'esprit ou à l'apparence »
"uprednostňuješ cnosť pred vtipom alebo vzhľadom"
"et tu mérites quelqu'un chez qui ces qualités sont réunies"
"a zaslúžiš si niekoho, v kom sú tieto vlastnosti spojené"
"tu vas être une grande reine"
"budeš veľkou kráľovnou"
« J'espère que le trône ne diminuera pas votre vertu »
"Dúfam, že trón nezmenší tvoju cnosť"
puis la fée se tourna vers les deux sœurs
potom sa víla obrátila k dvom sestrám
« J'ai vu à l'intérieur de vos cœurs »
"Videl som do tvojich sŕdc"
"et je connais toute la méchanceté que contiennent vos cœurs"
"a viem, že všetka zloba obsahuje tvoje srdcia"
« Vous deux deviendrez des statues »
"vy dvaja sa stanete sochami"
"mais vous garderez votre esprit"

"ale zachovaj si rozum"
« Tu te tiendras aux portes du palais de ta sœur »
"Budeš stáť pri bránach paláca svojej sestry"
"Le bonheur de ta sœur sera ta punition"
"šťastie tvojej sestry bude tvojím trestom"
« vous ne pourrez pas revenir à vos anciens états »
"nebudeš sa môcť vrátiť do svojich bývalých štátov"
« à moins que vous n'admettiez tous les deux vos fautes »
"pokiaľ si obaja nepriznáte svoje chyby"
"mais je prévois que vous resterez toujours des statues"
"Ale predpokladám, že vždy zostanete sochami."
« L'orgueil, la colère, la gourmandise et l'oisiveté sont parfois vaincus »
"pýcha, hnev, obžerstvo a nečinnosť sú niekedy porazené"
" mais la conversion des esprits envieux et malveillants sont des miracles "
" ale obrátenie závistivých a zlomyseľných myslí sú zázraky"
immédiatement la fée donna un coup de baguette
hneď víla pohladila prútikom
et en un instant tous ceux qui étaient dans la salle furent transportés
a o chvíľu sa previezli všetci, čo boli v sále
ils étaient entrés dans les domaines du prince
vošli do kniežacích panstiev
les sujets du prince l'ont reçu avec joie
princovi poddaní ho prijali s radosťou
le prêtre a épousé Belle et la bête
kňaz sa oženil s kráskou a zvieraťom
et il a vécu avec elle de nombreuses années
a prežil s ňou mnoho rokov
et leur bonheur était complet
a ich šťastie bolo úplné
parce que leur bonheur était fondé sur la vertu
pretože ich šťastie bolo založené na cnosti

La fin / Koniec
www.tranzlaty.com

www.ingramcontent.com/pod-product-compliance
Lightning Source LLC
Chambersburg PA
CBHW011556070526
44585CB00023B/2627